D1720500

Culex -Verlag

Nachtschweißgesänge

Culex - Verlag

2. Auflage

Alle Rechte vorbehalten – Printed in Germany
© Culex-Verlag 2007

Die Deutsche Bibliothek verzeichnet diese Publikation in der Deutschen
Nationalbibliografie; detaillierte bibliografische Daten sind im Internet über
http://dnb.ddb.de abrufbar.

ISBN 978-3-3811-7680-3

Culex – Verlag, Zweigstelle Duisburg, Inh. Monika Böttcher
Güntherstr. 30, 47051 Duisburg
Tel: 0203/9309688, Fax: 0203/9309687, eMail: info@culex-verlag.de
www.culex-verlag.de

Hauptsitz: Culex-Verlag, Berenskamp 14, 33611 Bielefeld, Inh.: Monika Böttcher

Umschlaggestaltung:
Augenkrebs.prod@gmx.net

Zeichnungen:
Heiko Hensell

Herstellung:
COMPUTER PUBLISHING oHG, Offenberg

Ich danke Ela, Stephan & Dirk,
die mir alles ermöglichen sowie
meiner Frau Bettina,
die mich immer noch erträgt.

Außerdem danke ich dem toten Gotte.

Seid gegrüßt

Seid gegrüßt ihr,
  Gleich mir,
    Todgeweihten.
Ich,
  lichtscheuen Rattengründen entsprossen,
    Doppelt dreifach geschleift
      Vom Licht des Sirius,
        Sowohl gefürchtet,
          Wie auch geächtet,
            Zuweilen sogar angespieen.
Aus einem Grunde nur ...
  Ob meines Ja zum Leben!
    Ich bin besessen vom Leben!
      Ich halt's nicht aus ...
        So eng,
          So verflucht bürgerlich eng.
Wo ich doch so tief
  In mir erfahren habe,
    Das Kosmische Tier.
Alles was war, ist und je sein wird.

Ich kroch gleich
  Dem hydraköpfigen Wurm
    In jede noch so winzige Hirnwindung.
Kein Gedanke ...,
  Ob von hehrer Vernunft erfunden,
    Oder vom wilden Irrsinn gepeitscht,
      Der mich noch nicht dachte;

Kein Gefühl ...,
Ob lau
  Oder flutend,
    Das mich noch nicht fühlte.
Ich atmete schon
  Wie eine Ratte,
    & empfand auch schon
      Wie ein Hund,
So manches Mal.
  Ich spürte oft
    In meiner Brust
      Schlagen,
        Das massige Herz
          Des Leviathans.
Des wahren Herrn
  Der Erde.

Ich bin auf allen
  Kosmischen Wassern gefahren!
    Ich schmeckte alle sieben Einsamkeiten!
      Ich kenne die Summe
        Aller Erfahrungen!
... Nichts ...
    Nichts ist
      Die Summe.
Nichts!
  Und doch ist dieses verfluchte
    Nichts
      Prall gefühlt mit Augenblicken,
        Die wehen wie der
          Wind ...

Sonne & Marmor

Salute!
roter morgen
sei gegrüßt du
reiche ungewissheit
deine glühende marmorstirn
verspricht
leid
liebe
tod

da & dort
überall & zugleich
hand in hand
zirkeln sie
den kreis des tages

auf sonnenweichem asphalt
in sauerschweißigen häusern
brünstigen büros
brüllenden lagerhallen

manch einem wird der tag
zur schwarzsternnacht
schrecken
furcht
entsetzen
treiben ihn
- geschleiftes tier

andere der tod überrascht

blut speiende augenblicke
zerfall
verlust

überall und zugleich
unter dem tönernden himmel
auch liebe
haut die süße milch lächelt
fleisch trunken vor lust
schreiender atem
syndikalismus geiler nymphen
unter augustfarbenem baldachin

so dein versprechen
roter marmormorgen
JA!
& vielleicht widerfährt uns auch
erschütterung
abgefeimter gewissheiten
& greiser wahrheiten
& mit ein wenig glück
begegnen uns auch
abgestandene saure weisheiten
auf krummen krücken
HA! zum schreien!
O! sei gegrüßt reiche ungewissheit
deine marmorglühende Stirn
findet uns
bereit
uns lächelt die sonne
ihr schönstes lavalächeln

Maiwort

Einst entsprossen lichtscheuem Rattengrund,
In der Kniebeuge der Sonnenbahn,
Unter maifiebrigem Himmel,
Ungeduldig blutend das zweigeschlechtliche Zwillingsherz
Auf seinem vorgebahnten Weg sich voran schlug,
Die Frage zu finden auf die offenbare Antwort:
All überall anwesend.

Im Morgentau & massegebeugtem Sonnenstrahl,
Den Neon bestrahlten Straßenfluchten nachttrunkener Städte.
Stürzend vorwärts, nirgends wohin,
Immer die Frage suchend all überall:
In den antwortenden, gramgebrochenen Augen & auch
Auf wolllust-verzückter & atem-zerissener Haut,
Lachenden Kinderaugen ... All überall.
Glücklos die Liebe.
Es bleiben die kupfernen Gräber,
Die im Herbst nebelschwer Ausatmen:
Die immerwährende Antwort.

Das Mai zwittrige Herz,
Vielfragend verwirrt, verpochte brustbewehrt
Seine innenliegende Antwort,
Lärm betäubt vom schrillen Gesang
Aus dem Tiefland verfragter Verzweiflung,
Es schlug rasend voran & säuerte sein Blut:
Fern der Nähe des Offenbaren.

Einst auf dem Hügelkamm seiner jungen Jahre,
Das Zwillingsherz die Frage begehrte
Auf die antwortenden Wolken & Ratten,
Die schrien auf dem Antwort gebenden,
Mauerversunkenen Hinterhof.
Auch kindlich entbrannte Liebe,
Die Hand um Hand geschlossen träumte
Unter der himmelaufragenden Pappel,
Empfing fragend Antwort.

Das Zwillingsherz einst ahnte
Äonen auf seinem Fingernagel,
Wort entsprungene Welten,
Flutend im Lichtrausch sich liebender Liebe.
Dem jungschlagenden Zwillingsherz ein Staubkorn
Ein Heiligtum damals war,
Das in sich barg:
Ewigkeit der Liebe.

Nun in späten Jahren,
Zornbitter & blind geschlagen
Das Zwillingsherz hoffnungswund,
Bleibt ihm ein Bild:
Im Anfang war die Liebe.

Elegie

Ich bade mein Gesicht in deinem Haar,
wie in einer schäumenden Flutwelle.
Ich will ausruhn,
und auf deinen Muschelgrund sinken,
für lange Augenblicke vergessen ...
... diese blutlärmende Welt.

Ich will mich erinnern,
was die Welt hat vergessen in ihren trüben Wahn
und auch ich oft vergesse
in meiner verzweifelten Wut,
dass allein die Liebe! die Hingabe ist!
Leidenschaftlich die Adern durchströmt ...
Und nur Freiheit das Blut kosmisch besoffen
macht.

Schall und Wahn ist alles andere ...
... dieser lärmenden Welt.

Du ... Ich sage dir ...

Die Welt weiß nicht mehr, was Leidenschaft ist!
Die Welt weiß nicht mehr, was Liebe ist!
Die Welt weiß nicht mehr, was Freiheit ist!

Und uns hat's auch erwischt ...
Dieser Sklaventrott des Alltags!
Das Fleisch bis auf die Knochen wund malocht
atmen wir uns schweigend an.

Während die rote Sonne am Horizont erstrahlt,
den Himmel zärtlich streichelt ...
die Erde berührt ...

Stehen wir Rücken gegen Rücken,
verschlungen von den schwarzen Löchern
unserer versklavten Freiheit.

Ermordet von unserer verleugneten Sehnsucht
wir selbst zu sein,
... treiben wir, getrieben von sinnlosen Zwecken,
durch ein sinntotes Leben in den Tod.

Ein tödlicher Tod!
Weil unser Leben nur Wiedergleiches bedeutet,
das keine Spur im Ewigen hinterlässt.

O! Ich will ausruhn,
will vergessen
das Wiedergleiche,
... deinen Rücken gegen meinen Rücken
und dein Gesicht betrachten.

In deinen Muschelgrund mich verkrallen ...
Ich will sinken ...
... sinken
...

Ich sinke ...
und sinke ...
und sinke ...

Ein fernes Rauschen ist mir jetzt die Welt.
  So tief in dein Fleisch gesunken bin ich ...
      Frei ...
          Frei ...
  ....

Deine Finger berühren meine Lippen.
  Das ist es, was ich spüre!
    ... deine Finger auf meinen Lippen.

Und ich erinnere
  dass du und ich auf der Schwelle zum Nichts stehen ...
      ... und wie gut es ist,
                    dass nichts ist.
Nur Du und ich ...

  Wir alles sind, was je war und sein wird.
    ... Du und ich auf den Muschelgrund,
        du und ich sind unserer Sonne Licht
            und Sternenglanz in der lichtfernen Nacht,
        wir sind die kurze Geschichte der Zeit,
    du und ich ...
      wir sind alles und alles und alles ...
        wie die Schwalbe ...
          die Ratte ...
            der Delphin ...
... der Leviathan.

Ich bade mein Gesicht in deinem Haar ...

Letzte Einsamkeit

Einsamkeit …
Deine blutigen Wände
Ich küsse …
Wo ich auch suchte im Überall
Und mich auch fand,
Sah ich mich umsonst verloren.
Allein mir bleibt mich zu vergessen,
So bleibe ich mir im Gedächtnis.

Erinnern werde ich dich,
Die süße Trauer,
Die noch immer flutet
Aus deinen Augen,
Deine Hand in meiner Hand umschlungen.
Liebe füllt meine Lungen mit Leben.
Und doch bleibt dieser Schmerz,
Der nie verhungert;
Und auch der Tod nicht vermag zu sättigen.

Wo ich bin werde ich bleiben.
Im Irgendwo nirgendwo.
Auf all meinen Wegen fand ich
Mein mich vergessen
Und dich und mich in deinen Augen.

Einsamkeit …
Deine blutigen Wände
Ich küsse …

Aischylos

Fernhin, fernhin,
durch die Schwarzmilchnacht,
durch den weißen Siriusfluss,
an den Ufern dort
der letzten Liebe hingegeben.

Fernhin, fernhin,
durchs pralle Fleisch der Sonne,
durch chthonische Stille
zurück zu uns.

Fernhin, fernhin,
durch den quantenschaumigen Bauchnabel der Hölle,
durchs weiße Herz der Lust,
Atem an Atem, Fleisch entbrannt.

Fernhin, fernhin,
durch paranoide Hirne,
durch schlammige Blutpfade,
am Ende dort ruh'n
im Schatten der Bluteiche.

Fernhin, fernhin,
lass uns verehren,
was unser Leid gebar.

Fernhin, fernhin,
still sterben im kosmischen Staub.

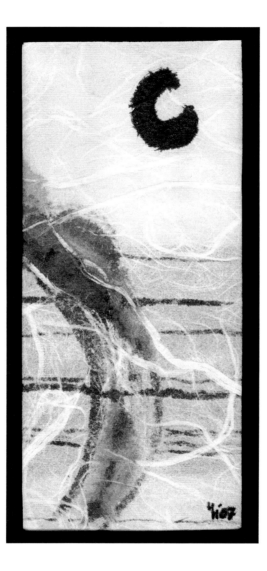

Hure & Heilige

... so habe ich Dich auf den Bauch geküsst ...
Dein Nabel sengend rann durch mein Blut.
Ich wusste nichts anderes zu tun.
Jaba Guba Dada!
Tiefer sank ich... küsste deinen Muschelmund.
Sonnenloh brannte da mein Blut.
Alles andere mir Nichts war.
Jaba Guba Dada!
Der Mond sichelte durch die Nacht,
Damokles Krummschwert gleich,
scharfgeschliffen vom Ungemessenen.
Jaba Guba Dada!
Ich war dem Atem deines Haars so nah,
Wie ich bin meinem Tod.
Jaba Guba Dada!
Dein Lächeln sank in meine Hände.
- Ich schob es in meinen Mund,
Schluckte, fraß es gierig mit samt deinen blutwogenden
Lippen.
Jaba Guba Dada!
Ich bin der lieblosen Kriege müde,
Dem Blutwaten der Ideen,
Den Schlachtfeldern der Wahrheit.
Jaba Guba Dada!
... ich will dienen allein nur noch deinem Bauchnabel,
Deinem Muschelmund, deinem Lächeln,
Das römische TodesKreuz verdammen,
JA! ... zu Asche will ich es lieben!
Jaba Guba Dada!

... alle Vernunft in den Arsch zurückschicken,
Aus dem sie kommt gekrochen,
Mamon & Glück westlicher Wohlfahrts/Sirenen
- will diese Schandart Mensch
Schleudern in die ewig' hungrigen Kaldauen des Nichts.
Jaba Guba Dada!
... - die Nägel mit meinen Zähnen aus deinem
TodesKreuz ziehen,
Huren deine ewige Lust wetterleuchten lassen,
Dem versoffenen Proleten dein Omega predigen.
Jaba Guba Dada!
Weib, Mann ... Hure und Hurer, Heilige & Heiliger!
Die Silizium/Träumer glauben deiner entbehren zu
können ...
... Sie morden, sie schlagen ihre Frauen,
Sie predigen Frieden mit Waffen,
Für ihren Frieden, der mordet ...
Jaba Guba Dada!
Ich werde diesem vermaledeiten kapitalen,
Wohlgenährten, fettlebenden Pack,
Das Kreuz um ihre kathedralen, fettglänzenden
Mäuler schlagen.
Der Nazerener lebt ... und starb nie an einem Kreuz!
... sie wollen ihn KreuzTod ... damit sie ihren fettvollen
Arsch retten.
Jaba Guba Dada!
... so habe ich Dich auf den Bauch geküsst ...

Der tausendsiebte Tag

Am Morgen des tausendsiebten Tag
Verunglückter Liebe,
Aus seinem Siriustraum erwachend
Unter seeigem Himmel,
Der grau aufwolkend
Vom Scheitel der Nacht hinabfloss
Und Frühjahrs Tag- & Nachtgleichen Horizont bog
Wie Winters der Schnee zur Aberdämmerung,
Schatten von Baumgerippen
Auf nassfensterwarmen Asphalt.
Ein Taubenschwarm im Ellenbogen
Seiner Verzweiflung nistete.
Des läufigen Wahns Hydraulik
Ließ blindlings ihn hoffen,
Endlich vergänglich zu erreichen
Die andere Seite des Morgens
- Dunkle Seite des hellen Morgenmonds.
Und mit den Wassern kalter Mondseen
Zu löschen den äonenalten,
Vielnamigen Durst.

Am tausendsiebten Tag
Gestrandeter Liebe …

Fort spann sich die Hyperbel seiner Sehnsucht,
Unverwundenes vom Himmel regnete,
Streute Salz in klaffende Wunden.
Ein Herzmuskelfaserriss sirrte
Wie eine gesprungene Saite
In seiner entrückten Brust.

Am tausendsiebten Tag
Verunfallter Liebe ...

Quantenschaum segnete sein Hirn
Wie des Schlachters feingetrimmte Maschinen
Das todesfürchtige Schlachttier.

Ein blutiger Strahl
Aus der Vulva
Der zwiegeschlechtlichen Sonne schoss,
Umschloss frühjahrsgeneigten Horizont.

Am tausendsiebten Tag
Siriusferner Liebe ...

Der Mond verschwand
Grußlos in der Venenbahn der Erde.
Und zurück blieb ein von Sehnsucht
Leergesaugtes Herz,
Sabbernd auf dem Asphalt.

Am tausendsiebten Tag...

Mutter

Mutter ist schuld,
Die atemzerrissen ihren Leib
Meinem Vater befahl,
Jenen marmornen Leib, aus dem ich kroch,
Begabt mit Leben und Tod.
Rückwärts mich auf mein Grab zu bewegend,
Im Salz der Erde scharrend mit den Zehen.
Hungernd die Sehnsucht,
Die unnachgiebig verlangt,
Zurückzuwerfen den blutigen Ball
Ins klaffende Schlangenmaul.

Vorwärts mich treibt,
Das sonnengeküsste Herz,
Rückwärts in den wachen Traum
Des Todes.

Meine Lippen wünschen
Zurückzufließen,
Langsam hinab zu strömen,
Auf Mutters weißer Haut,
Kopfwärts durch die rosige Muschel
Zurück ins warme Mutterfleisch.
Ausgelöscht ist dort Dunkelheit & Licht;
Ewig lächelndes Nichts.

Haut

Haut eines Weibes,
Gespannt über schmale Füße,
Waden, pralle Schenkel,
Rundem Hintern, üppigen Hüften,
Gewölbtem Bauch, fülligen Brüsten.
... So mondweiß in blauer Nacht,
So erdentief dunkel ihre Augen.
Oh, wie reich bin ich geworden durch die
Liebe zur Haut eines Weibes.

Es gab eine Zeit, in der ich kroch,
Sabbernd und besoffen, die Horizontlinie
Der Spelunken entlang.
Ratten mich verlachten, tippel-tappelten
Über meinem darnieder-gebrochenen Körper
Wie über einen stinkenden Müllhaufen.

Doch die weißgespannte Haut eines Weibes
Gab mir zurück die Farbe des Lebens.
... Nachthimmelblau ...
Der seltsamerweise immer im Westen sinkenden
Sonne.

Am siebten Tag

Am siebten Tag
Begann ich mich zu lieben
Am siebten Tag
Begann ich Dich zu lieben
Am siebten Tag
Als der Himmel von der Erde geschieden war
& die Sehnsucht der Meere das blutende Land
gebar
Am siebten Tag
Fragte ich nicht mehr nach der Wahrheit
Ich gab mir die Wahrheit die ich brauche
Um Dich & mich zu lieben
Am siebten Tag ...

Omega

Im Anfang des Anfangens war das stille Lächeln,
das die krummen kosmischen Gestade hinab floss
& die heißen Sterne gebar,
jung & blau ihre Augen waren.
Mächtig ihr Stolz, der sich ergoss
in die Falten des alten Antlitz,
um es zu glätten für die kommenden Tränen,
die im Fluge der Albatross regnen lässt,
auf die Wunden der wieder erwachten Erde.
Wohl wissend, dass Schweigen schwerer wiegt
als ein tobendes Wort,
das aus einem zornklaffenden Maul springt,
erfand sich das stille Lächeln: das Wort,
im fortschreitenden Anfang des Anfangens,
& entfaltete die Liebe,
mächtig & Leid gründend, der ernsten Erde
Wunden schlagend, aus denen blutschwellend
sprossen die leckgeschlagenen Herzen,
die noch in ehrwürdigen Türmen darben,
lange noch, sich nicht umwenden,
zurückblicken dürfen,
um den Tod
fernzuhalten.
Bis ...
Zum Ende des Anfangs
OMEGA
geschieht.

Die schwarze Frau

Schwarz ist ihr Haar und weißbleich ihr Gesicht.
Schwarz ist ihre Seele, doch weiß ihr Geist.
Sie ist traurig.
Sie ist verzweifelt.
Sie ist glücklich darüber, traurig und verzweifelt zu sein.
Sie lügt die Wahrheit.
Sie verlangt nach Erkenntnis wie alle Lügner.
Sie ist willensstark.
Sie will alles und weiß nicht, was sie mit Alles meint.
Sie liebt und liebt nicht.
Sie will Gewissheit um sie zu verachten.
Sie will immer im Recht sein um der Gerechtigkeit
                                        willen.
Sie will vermissen wegen der Lust am Verlust.
Sie ist schreiend schön.
Sie ist ein schöner Schmerz für die, die sie lieben.
Sie will immer und überall anwesend sein, damit die
                    Anderen ihre Abwesenheit spüren.
Sie will ein Fluss sein, den niemand ein zweites Mal
                              durchschreitet.
Sie will ein Meer sein, in dem man ertrinkt.
Sie ist wilde Leidenschaft.
Sie ist Liebe.
Und alles was Liebe ist.
Sie ist das Leben.
Und alles was Leben ist.

Heimat

Heimat- & ruhelos
ein anderer als ICH erschafft
mein schmerzliches glück,
mein wissendes leid.
des anderen kraft
ungewiss
aus unergründlicher
ES/tiefe hervorbricht,
lässt taumeln mich,
straucheln, abgründig fallen ins X,
das leuchtet im schwarzlicht
fischäugigen bewusstseins.

ratten träumen dort
von anderen ratten,
und ich weiß nicht
woher ich mir wehe?
nie verwandt den satten
die anklagend fortleben.

ein anderer als ICH erschafft
legierungen meiner wollusttriefenden liebe, maßlos
implodiere ich in mir, meiner leibseele,
lebe rauschend den wein meiner tage,
& den mohn meiner nächte, rastlos,
jenseits von freiheit & unterwerfung.

heimat- & ruhelos,
ein nirgends wohin wanderer,
ICH ist ein ANDERER.

Unter der Zeit

Gestern unter der Zeit,
Nahe der alten Seidenstadt,
Auf einer Brücke über dem Rhein,
Die krummen Schlote betrachtend,
Aus denen schwarzer Rauch kroch,
Der im Sanftrot des Abendhimmels zerstob;
Über die starre Dächerflut hinweg blickend,
Das schwefelgelb der Arbeit atmend,
Mit geborgten, erloschenen Taubenaugen,
Dem trübgrünen Fluss folgend,
Ahnend nichts.
Plötzlich es geschah,
Dass aufschwarzte ein schwarzes Loch,
So groß wie der Mond
In einer Sommernacht über den Daumen anvisiert,
Klaffte ein kosmisches Maul.
Die Schlote, der Rauch, die Dächer, der Fluss
Gleich wässrigen Bildern über ein Fischauge waschen,
Bogen sich hinein ins mondgroße Loch.
Geräuschlos still verschlang es die spinnenfüßige Welt
Und ihr verfilztes Mylinnetz.
Es blieben die Meere.
Delphine sprangen in Reigen aus den Wogen,
Intonierten schnatternd einen Gesang.
Ein Gebet bliesen sie zum Himmel,
Wassercodierte Radiosignale,
Hilfe erflehend von außerirdischen Wesen.
„Befreit! Befreit! Befreit! Uns vom Menschentier!"
Und auch mattglänzende Körper von Walen wogten
Aus den Meereswogen
Und röhrten ihren flehenden Gesang
Pulsend ins All hinaus.

Berauscht vom walten der kosmischen Gewalten
Sank ich nieder auf die Knie.
Zischend Schlangen gürteten meinen Hals,
Die Luft zum Atem verstank
In ihren klappernden Kiefern.
Und in meinen Eingeweiden das Tier Angst schlief
Und erwachte auch nicht.
Glutflüssige Stahltropfen perlten aus meinen Augen,
Die sengend ins Wangenfleisch sanken.
So angstlos Schlangen-umhalst,
Stahltränen weinend,
So angstlos auf den Knien,
Vor dem kosmischen Maul,
Ein Gedanke mich dachte:
Einmal sein ein Wassertier,
Für den gebrochenen Bruchteil
Eines Augenblicks.
Nur das Sein und nichts Anderes mehr,
Ein Menschenfisch!
Und plötzlich war ich dem Meer
Zurückgegeben.
Im Reigen schwamm ich mit Delphinen,
Blasenden Walen,
Sank atemlos tief auf begründeten Grund,
Und sah das trunkene Schiff,
Niedergeflaggt und gefangen vom moosigen Teergewächs.
Auf dem Deck, dem muschel-verwachsenen, herrschte
Die einbeinige Leiche von Rimbaud.
Er gab mir einen Kuss.
Und meine Herzkammern wollten sich schließen,
Für immer schließen.

Die unruhige Strömung jedoch ...
Jedoch, sie sog mich fort – zu ihm hin,
Dem Fisch-geküssten.
Aus seinen Wunden wirbelten Blutschnüre,
Fraktal verwoben.
Der Nazarener hing am Wasserkreuz,
Lachend stiegen Wasserblasen aus seinen Mund.
- Der Schnauzbart Nietzsches kitzelte seine Füße.
Hier war der Ort, wo ich bleiben wollte,
Im blauen Muschelfleisch geborgen.

Die Strömung jedoch ...
Unerbittlich gleichgültig zerrte mich fort,
Hinauf wieder, hinauf ... zum Meeresspiegel,
Zu den Walen und Delphinen, den Schlangen,
Dem kosmischen Maul.

Gestern unter der Zeit,
Nahe der alten Seidenstadt,
Auf einer Brücke über dem Rhein,
Die krummen Schlote betrachtend,
Aus denen schwarzer Rauch kroch,
Der im Sanftrot des Abendhimmels zerstob;
Über die starre Dächerflut hinweg blickend,
Das schwefelgelb der Arbeit atmend,
Mit geborgten, erloschenen Taubenaugen,
Dem trübgrünen Fluss folgend,
Ahnend nichts,
Geschah es,
Dass ich den gebrochenen Bruchteil
Eines Augenblicks sein durfte:
Ein Wassertier ...

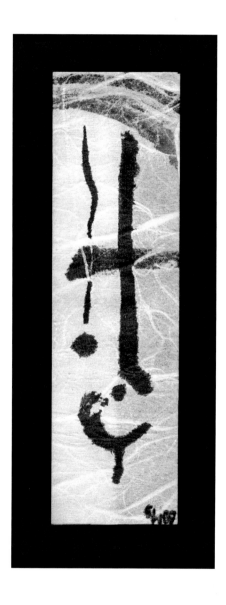

Regentanz

Sommerwasser platzte aus der Himmelsschleuse
  Bloß ein daumengroßer Fleck
    Auf milchblauer Haut
      Über unsere absinthgrellen Schädel

Unter den Nackenküssen
  Des zerblitzenden Sommerhimmels
    Unsere Köpfe sich neigten
      Wie Sonnenblumen dem sonnenwendigen
      Licht

Stakkato der Wolkenbruch trommelte
  Auf den wankenden Biertischen
    TackTackTack
      Tauben, verwirrt, flüchteten
        Unters lärmende Vordach

Fette Regentropfen, rasiermesser scharf
  Bukowskis magenkranke Zunge durchschossen
    Mit erigiertem Schwanz
      Rimbaud, den überall schon toten Sinn
      entsinnte

Unsere Füße zu tanzen begannen
 Umschlungen von der dampfenden Gischt
 Die aus berauschter Erde wabbberte

Tanzen Tanzen Tanzen

Wasche unsere Wunden!
 Sommerregen
  Spüle den Dreck raus
   Küsse sie
    Lass sie reinblutend atmen
     Die Evolution unserer Wunden

Welten werden aus ihnen klaffend bluten
 Zauberhaft zehenglühend
  Wie der Fick mit einer roten Rose
   Blütentragender Schmerz.

Wie hielten wir uns sonst aus
 Wenn's anders wäre?

Dies benannte Fremde ...

Die Seele ist eine Stadt in Flammen.
Roter Mondgesang in dunklen Regennächten.
Nabelschnur zur Hölle.

Die Seele ist eine Stadt in Flammen.
In den Straßen schreit das Feuer.
Es brennen die Gotteshäuser, Polizeistationen,
Gefängnisse,
Beton & Glas der Macht.

Die Seele ist eine Stadt in Flammen.
Sie ist der Brandstifter.

Seele ist der Fingerabdruck auf dem Aschegrund
Der menschlichen, allzumenschlichen Geschichte.

Die Seele ist eine weinende Kalaschnikov.

Die Seele ist immerwährender Krieg.

Seele ist eine jüngst den Wassern entstiegene Lust,
Fleisch vom Fleisch.

Die Seele ist eine brennende Stadt.

Der alte Poet

So will ich diesen Tag verfehlen:
Träumen offenen Auges,
Von Streifzügen mit Ratten durch Müllgruben,
Den Gedanken, die um Dich kreisen,
Blut abzapfen,
Kippen aus Aschenbechern klauben,
Reste aus den Flaschen saufen,
Fingernägel kauen,
Sprachlose Worte in Wolken kratzen,
Den Horizont blutig weinen,
Angstzitternd verharren in den Schattenrissen
Verlöschender Visionen,
Erinnern die Toten,
Gefallene meiner Daseinsschlacht,
Und vermissen die lusttrunkenen Parabeln
meiner Liebe.
Warten auf Geld, Schlaf oder den Tod.
So will ich diesen Tag verfehlen ...
Ein alter Poet eben ...
Nichts sonst.

Im Frieden

Ein Ouzo. Ein Wodka. Ein Bier.

Bierschaumige, rauchende Mäuler,
Doppelzüngig klaffend,
Die Sonne gähnt müde im Bierglas.
Muttermilchblau der Himmel.
Lärmende Leere durchstochen von Nadelpupillen.
Bunt uniformierte Liebe,
Jenseits vom Wahnsinn.
Wo man im Leben auch hinstürzt,
Wo ich hinaus zog
Empfingen mich Ziegelsteine,
Atemlos in der egoverstunkenden Atmosphäre.
Kadavergehorsam ist Kulturprogramm.
Ich sah den Leviathan seinen massigen Leib
An die Küsten werfen, dort zu krepieren,
Mit Öl gefüllten Lungen & erigiertem Membrum virile.
Während die Weibschen Fontänen seufzten,
Kaskaden von der Farbe wie Tränen
Aus blauen Kinderaugen.

Ein Ouzo. Ein Wodka. Ein Bier

Der alte Krieger auch am Biertisch saß.
Ein See von Schweiß glänzte auf seiner Stirn,
Das Haar war Grau vom alten Zorn.
In den Schluchten seines Lebens
Die Sonne erlosch.

Er sah wie seine Visionen starben
Auf stinkenden Müllhalden.
Er spürte den Mond im Herzen nisten.
In den Augen klaffte ein Abgrund.
Im Schatten seiner Gedanken
Das für immer Verlorene sein bitteres Lied sang.

Die vierzig Pyramiden,
Erbaut aus dem Stoff seiner Leidenschaft,
Zerfallen zu feinem Staub.
Der Krieger gab sich verloren.

Ein Ouzo. Ein Wodka. Ein Bier.

Der Mond heulte sturzbesoffen
Zwischen unseren Zähnen.

Ein Ouzo. Ein Wodka. Ein Bier.

Träume niedergeträumt.
Abgefackelt.
Auf dem Asphalt verascht,
Der Himmel schwarz verraucht.
Hunde und Ratten gefressen,
Mit auf der Erde schleifendem Hunger.
Nachtzerrissen verträumt.
Himmelschreiend zerträumt.

Ein Ouzo. Ein Wodka. Ein Bier.

Nachdem ich küsste deine nasse Muschel,
Hinterrücks erstach mich die Mondsichel.
Den Fluss meines Blutes
Spürte ich in meinen Schuhen.

Ein Ouzo. Ein Wodka. Ein Bier.

Wir ruhten auf nassem Stern,
Der Krieger & ich.

So ruhend ...
Dumpf schlug es,
Zu tönern für meine Ohren.
Also riss ich es aus der Brust,
Mein Herz.
Nun in meinen Händen
Schlägt es unerbittlicher denn je,
Die Sehnsucht nach erbarmungsloser Liebe.
Der Krieger aber gab sie verloren.

Sommer

Sah je jemand meine Tränen,
des Nachts,
wenn der weiße Hund vom Himmel kläfft?
Ich weiß es nicht.

Einen gewaltigen Sommer noch,
farbenprächtig mit reifen Früchten,
die in grünen Bäumen hängen,
unter von der Sonne stahlblau
ausgeglühtem Himmel wandeln.

Einmal noch
des Sommers Rhythmus fühlen;
dann darf Gott mir vergeben
all meine weißen Hundsnächte.

Die krumme Bahn meiner Sehnsucht,
die führt ins Ungebundene,
immer noch.

Gott darf mir vergeben,
dass ich nie war ein Mensch.
Ein bitterböses Gedicht bloß.

Und bei aller Verachtung,
die zungenfeucht
ich auf meiner Haut fühlte:
Nie wollte ich Anderes sein.
Ein Gedicht bloß ...

Tod

In meinen blauen Augenblicken,
    wenn ich fraktal zersplittert liege,
      auf quanten-schaumigen Grund
und aufgehoben ist die gebrochene Symmetrie,
        von Geist und Seele
und in Brücken verwandelt sind alle Grenzen.
Wenn ich so still liege,
      kaltgebrannt im Schaum der Ewigkeit
... Ja, da macht mich das tolle Schauspiel
        Dasein lachend.

Ein Lachen,
    hoffnungsfrei
      und jenseits von Gut und Böse,
        fröhlich springt aus meinem Mund.
Mein tanzendes Lachen die Raumzeit erschüttert
        wollustvoll.

So tief heraus gefallen,
    aus der kurzen Geschichte der Zeit,
      mir klar ist,
        der Sinn von Dasein.

Ein Sinn so blendend wie myriaden Sonnen.
    So rot und riesig und kalt wie die alten,
      so blau und heiß wie die jungen Sterne.

In meinen blauen Augenblicken,
da weiß ich den Sinn.

Sterben lernen!

Oh ja, das allein ist Sinn des Lebens
und des Daseins.

Sterben lernen!

Jeder Augenblick will Abschied feiern
von allen je vorangegangenen.
Das ist der Sinn der Zeit.

Sterben lernen!

Gefühl und Gedanke und Tat,
im letzten schaumigen Grund,
wollen und sind sie nur Eins ...
Abschied.

Deine und meine Liebe,
dein Atem und mein Atem,
unsere Leidenschaft,
wollen ein rauschendes Fest der
Vergänglichkeit sein.

Das kosmische Veraschen will uns empfangen
herrlich umfangen von unseren Taten,
und nur allzu bereit zum sterben.

Immer da

Irgendwo
  Irgendwann
    Irgendwie
      spürte ich Lippen auf meinen Lippen.
        Vielleicht waren es deine
  oder doch bloß eine Illusion,
      während ich mit den Füchsen durchs Farnkraut streifte,
        mit ihnen im Schatten der alten Mühle ruhte?
        & die Wolken aussahen wie netztbestrumpfte,
          herrlich pralle Schenkel &
die Sonne zerplatzte,
    wie Eidotter den Horizont herab tropfte,
      mit dem dumpfen Klang von gottlosen Kirchenglocken
        & der Vulva der Lust
          rosaschwänzige Ratten entsprangen &
            der tropfenden Sonne
              die wilde Weisheit offenbaren,
                die sie jede Nacht ins besoffene Fleisch beißen.
Irgendwo
  Irgendwann
    Irgendwie
      spürte ich Lippen auf meinen Lippen.
        Vielleicht waren es deine
  oder doch bloß eine Illusion?
    Als ich heulte,
      weil ich Namen erinnerte,
        die verschwunden waren
          in den staubigen Straßen
            & dem öden Mond das Rückgrat brach,
              um niemals wieder hören zu müssen
                sein blödes rotes Lachen
                  in den fleischblauen Nächten
                    gestrandeter Lust.

Irgendwo
  Irgendwann
    Irgendwie
      spürte ich Lippen auf meinen Lippen.
      Vielleicht waren es deine
oder doch bloß eine Illusion?
  Als ich in ein blutbeflecktes Kopfkissen biss,
    während die Illusion sich auflöste
      in der ätzenden Dunstglocke
        eines banalen europäischen Morgens
          voll Straßenlärm & toter Augen
            & wieder fand was war:
              ein Kübel voll beschissener Angst

                . . .
                  . . .
                    . . .

Irgendein Sommertag

Ich steh am Fenster,
draußen zittert die heiße Luft,
Gras und Bäume sind verbrannt
von der glühenden Sonne.
Tauben fallen – Tod vom Himmel,
erschlagen von der Hitze.
Fliegen, halbwahnsinnig
von meinem Schweißgeruch,
umschwirren mich,
als sei ich ein Haufen Hundescheiße.

Ein alter Mann auf einem Fahrrad stürzt,
schlägt sich die Knie' blutig.
Er sitzt aufrecht
und kommt nicht mehr auf die Beine.
Sitzt bloß da auf dem Asphalt und wartet ...
Die Müllabfuhr wird ihn entsorgen.
Soviel ist immerhin gewiss ...
in dieser Welt.
Man sorgt sich um die Hygiene.

Ich steh am Fenster und sehe
Alles und alles:
den von der Sonne
metallblau geglühten Himmel,
verreckte Tauben,
das Angstzittern eines alten Mannes,
die flüssige Luft,
die öde Straße.

Ich töte sieben
der mich nervenden Fliegen
mit einen Schlag.
Aber ich bleibe, wo ich bin,
verkünde niemandem meine Tat.
Es sind sowieso zu viele Fliegen,
die mich umschwirren ...

Schrecklich ahnen

Wir, die dunkel ahnen,
dass wir sind
der leidende Gott
und das Wort,
das Helle und das Dunkle,
das Feste und das Flüssige.

Wir Spiegelsplitter des Traums,
den wir selbstvergessen träumen.

Wir Erfinder des kosmischen Gewandes,
der Liebe,
der Wahrheit
und des Todes.

Wir Glasperlenspieler der Quanten,
die sich in ihrem eignen Traum verirrten.
Wir, die schrecklich wissen,
dass sie in der Welt nur sich selbst begegnen.

Ich
und Du
sind der banale Horror
dieser Welt,
das Gute und das Böse ...

Wir Vervielfacher des Leidens ...
Wir müssen erwachen.
Erwachen und Schweigen.

Und auch noch unser Schweigen
verschweigen.

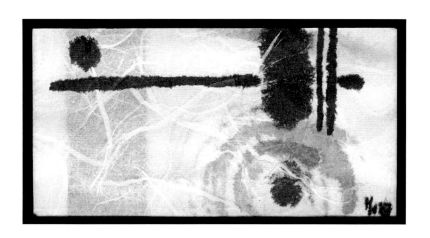

Lust

Lustvoll offen verlangend,
Dein Mund.
Meine Zunge über deine Zähne streicht.
Rotschwingende Flügel der Lust, deine Lippen.
Ich lecke sie lustwund.

Dein schreiender Atem
Mich umweht.
Meine Hände, Lippen
Deine prallen Brüste fühlen,
... so voll geilem Lustschmerz.
Unser Fleisch bebend fleht,
Um die Ewigkeit des Moments!

... Niemals vergehen!
... Niemals vergehen!
... Niemals vergehen!

Ich schmecke unsere Lust.
... Vanille Wolfsmilch...
Sanft graben in meinen Lenden
Deine Hände.
Ich sinke in deinen Bauchnabel,
Schlecke aus ihm Wolfsmilch.
Ich spüre die brennende Lust
Deiner Hände
Auf meinem Fleisch tanzen.

... Die Haut deiner Schenkel,
Weiß, seidig-zart...
Es regnet...
Zwischen deinen Schenkeln.
Lustregen.
Tropfen heiß perlen
Auf meiner Zunge ...
Fliehender Atem stößt aus unserer Lunge.
Wir fluten aus der kaltgebrannten Welt.

... lange, zeiterhabene Augenblicke ...
Einen Moment äußerster Nähe ...
Du und ich,
Unser Fleisch,
Kosmisch besoffen ...
Bis wir allmählich zurück stranden
Wie verebbende Wogen
Ins kalte Hier und Nichts ...

Brigitte

Nun –
auf der menschverlassenen Höhe
meines unverschämten Traums.
Nun –
in den Niederungen meines maßlosen Gewissens ...
Jetzt! Gewissheit mich ereilt.
Alles ist verloren ...
Suffkrank ... schleife ich meinen Körper
durch die nachtblinde Stadt.
Ich suche dich zu fassen,
etwas von Dir,
Fingerkuppen-Fleisch,
ein Lächeln,
das vielleicht der Tod hat vergessen.
Doch nur Leere ... Leere meine Sinne fassen,
in den kühlen Hainen der Straßenlaternen,
unter diesem nackten Himmel,
voran gepeitscht von den Schatten der kahlen Bäume.
- Leere nur.
Auch in der Ferne die stille Mühle
schlägt nach mir;
der Mond raunt sein trübes Licht
in meine nassen Augen.
Verloren ist alles!
Die gespreizten Schenkel meiner Göttin,
meine Wahrhaftigkeit,
alles sandig verebbt in den eisigen Winden
erkalteten Lebens.

So sehr wir auch hofften
  auf Großes & einmalig Wahres,
    das Eine, nur in sich unterschieden,
    zu finden,
      fanden wir ...
        doch nur den Turm der Verzweiflung,
          auf der Höhe unseres Traums.
O! Es war unser Traum,
    unser unverschämter Traum.
Nun liegt er begraben
  unter der Ewigkeit des Todes.
Liebe,
  die Dionysos gefällt,
    davon träumte unser Traum ...

                . . .
                  . . .
                    . . .

FREI ...

Loslassen!
Loslassen!

Den Sinn der Sinne.
Schrecklich frei!
Allein, nur noch zu verlieren
Den Verlust.
Die Sinne schaudern & frieren.

Furchtbar der Schmerz,
Den kein Name bannt,
Der durchrauscht der Sinne Entsetzen;
Leere umfasst die klamme Hand.

Auf unsern Absinth-Wegen, sternerleuchtet,
Trunken von Salztränen,
Schwankt die taubenblaue Nacht,
Aus dunklen Fenstern gafft müdes Gähnen.

Grün sind des Absinths Wege in der Nacht.

Es lächelt das Lächeln
Einer schönen Frau,
Stillschweigend,
In meiner Hände leeren Grau.

Und doch, ich weiß nicht: Warum?
Immerfort - ich weine nur,
Bei jedem stürzenden Schritt
In dieser irren, namenlosen Tortur.

O! Ich weiß jetzt!
In der Ferne
Die flügelstille Mühle mir es verrät,
Flüsternd wie das Licht der Sterne.

Es stirbt das Lächeln,
Es leise stirbt in meinen Händen,
Das Lächeln der schönen Frau.

An den kalten Wänden
Absinth entbrannten Wahns.
Nichts kann ich halten,
Ein rauschender Fluss meine Hände.
Nichts kann ich halten, festhalten.

... So Absinth-Grün die Nacht,
Schwarz gebrannt das Blut
Strömt in zitternden Adern.
Keine Menschenhand ruht
Auf meinem trommelwirbelnden Herzen.
O! Absinth! Absinth!
Verleih mir sonnentaugliche Flügel.
Ich will glühen im Sonnenwind.

Nichts kann ich, nichts mich halten.
Ich will verlieren den Verlust.
Schrecklich frei,
Dies ist meine letzte Lust.

Mein müde

Müde-matte Trunkenheit,
vom guten Wein goldgekämmt,
meinen Blick hob.
Mein Dämmerungsschatten inne hielt.
Der Horizont dalag
wie schöne Frauenschenkel;
nackt & weich & wolkenschaumig.
Der zweite Blick aber sah
auf dieser weiß-gespannten Haut
fließende Blumen erblühen;
Blüten in schillernden Farben wie von Hämatomen;
Blau, Violett, Grün-Gelb.
Von Osten nach Westen ziehend
ins dunkle Vlies der Lust.
Also auch den Himmel hat man erschlagen
wie die Wälder & Meere & Gletscher,
wie das Leben in den Wäldern & Meeren &
Gletschern
& die Liebe in jedem Augenblick.
Du, meine Schöne, ich schwöre Dir,
Deine Schönheit werde ich schützen
vor den Schlägen,
sie in meinen Nieren aufbewahren,
denn mein Herz schlägt
kaum noch unter den alltäglichen Schlägen.

Flut

Traumkrumm seine Glieder sich wanden
Im Triebwerk schmerzschönen Verlangens.
Sein Geist irrlichterte im Milchschaum seiner Vision.
Ein Gesicht strahlend wie die Sonne im Apfel
In seiner Lunge springflutete.

Weizenfroh wolkenwindige Horizonthügel er erklomm
Am Morgen seiner siebten Einsamkeit,
Trunken vom phallisch pulsenden Nachtblut,
Anschwellend die Blutpfade,
Huldigend der erregierten Sonne,
Nun er sich rasch endlich ausflutend ergebend
Der drei Mal Sieben
Zyklischen Muschel.

Vom Glutrausch zerascht er in die Grube fuhr,
Hingegeben verwelkter Lust,
Blass & zerstrahlt nun
Das schöne Gesicht.

Der Dreiviertel Tod
Feucht in seinem Nacken saß.
Kalt glühte die immer wache Lust
Schlangenschweigen züngelte
Den Hohlraum seines Herzen,
Traum zermalmt er
Rechtwinklig starb.

Säufer an des Säufers Grab

Das war's.
Der laue Frühlingswind blies
Dem sargschweren Morgen seinen Marsch;
Dampfend die Stille schwieg,
Über dem Grabfeld
Das Gefieder seinen bunten Gesang kehlte;
Der Tod trug davon seinen Sieg.
Obszönblau der Himmel strahlte;
Eine Wolke,
Einsam im lächelnden Blau,
Über die abgenagten,
Schwarz umrandeten Fingernägel
Des obelisken Baumes kratzte,
Der dort schon immer die Toten beschattete.

Der Sargverschlossene auf dem radkrummen
Leichenkarren wankte
& die Schatten
Unserer hintendrein
Wankend schreitenden Schritte
Auf dem Weg waren
Sein Leben zu bestatten.

Der Zeit,
Die noch bleibt,
Ist gewiss
Seine heitere Verzweiflung.

Er starb wie er gelebt hatte,
Ohnmächtig und zornglühend,
Unten am alten Bahndamm
Ausrangierter Entfernungen,
Mit Ratte
& Hund blutsverwandt,
Den Menschen namenlos unbekannt.

Uns bleibt, was war.
Er wie wir
Verehrt & angespie'n
Von Euch
Hurrademokraten,
Kommunikations/Aposteln,
Blanko/Liberalen,
Pragmaten.

Ein Mensch über den Menschen hinaus,
Versoffen -
Ein Säufer -
JA!
Er wollte alles sein -
Des Abgrunds Höhe & Tiefe
& er war alles -
Das Blech, das erwachte
Als grell blecherne Posaune.

Dass der Tod ihn wollte ...?
Wer will es dem Sensenmann missvergnügen?
Da die Hurra-Lebenden
Ihn doch nicht mochten wollten
... so abgründig versoffen,
Tief in sich verschlossen,
Immer sich selbst vorneweg,
Unerreichbar auch für sich selbst.
DA! Schaukelt er
Wieder vorneweg,
Sargverschlossen
Auf dem rad-eirigen Karren.
Bunt der Gesang der Vögel,
Dunkel die Stimme des obelisken Baumes,
Ketten rasseln den Sarg ins Grab.
Wir warteten ...
Bis der Bagger kam,
Zu schaufeln Erde
Auf sein Grab.
Wir taten, was wir konnten,
Pflanzten in des Grabes Erde
Trockene Tränen.

Nun er war
Des Todes Posaune.

Hic Rhodus,
Hic Salta!

Rotzend

Rotzend, verreckend,
im Nachtschweiß-Gewand,
den Kopf blutig geschlagen an jeder Wand.
Tausend und eine Lüge gefressen,
zwischen allen Stühlen daneben gesessen.

Spermazotischer, kalter Traum,
wach geträumt im kahlen Raum.
In meiner Augen Schlamm
der kosmische Aal schwamm,
trunken von der Verwesung;
elektrisch berauschte Erregung
den Kaltäugigen freudig durchglitt -
wir sahen, dass Helios auf ihm ritt.

Blank entsetzt strahlend
auf dunkel aalend
Pfaden in die schäumende Lunge
von Gaia, mit einem zuckenden Sprunge
in die Nachtschweißgesänge
der Meere, blutig wogendes Gemenge,
in dem verwesend zogen -
entlang dem Horizontbogen -
Pferdeköpfe, abgeschlagen,
ihn zu fangen,
den kosmischen Aal.

Helios verreckt,
Aalkot verdreckt,
in des Westens Wolkenschaum.
Der Liebe Sinn schwebt tot im Raum.

Komm roter Pelikan, komm ...
Bette mich auf deinen Schwingen.

Hyperbel

Auf nacktem Ohnegrund geruht,
 das Salz geleckt
 von der feuchten Augusthaut,
  schäumend umtost
   von der Zeiten Brandung,
    ich den Abschied sah nahen,
     lächelnd im kosmischen Gewande
      von schwarzem Nebel umhüllt.

Ich träumte von deinem Haar,
            deinem Haar,
                  deinem Haar.

Berauschte mich am Wein deiner Augen,
ein letztes Mal.

Am Rande eines Staubkorns,
 vor klaffendem Abgrund
  werde ich siriusglänzend harren
   auf den letzten Verlust
    des längst schon Verlorenen.

Erinnern werde ich dein Haar,
            dein Haar,
                  dein Haar.

Meinen gespreizten Fingern werden
 Welten entspringen,
  strahlend in der Schwarzmilchnacht,
  bebend vor Liebe.

Lauschen werde ich dem Echo
meiner Einsamkeit.

In deinem Haar,
       deinem Haar,
              deinem Haar.

Bewahrt von Raumzeitwellen
 den Brand der Städte betrachten.
  Das blutende Herz
   der Sonne küssen.

Unendlichkeit rauschend Schweigen hören
im Fluss des Ewigen.

Ich werde der immerwährende Abschied
von dir sein.

In deinem Haar,
       deinem Haar,
              deinem Haar.

Schneesturm

Der Schneesturm ließ die Lichter flackern,
Die Hutkrempe sich unter der weißen Last beugte
Über meine Augen.
Eine Ratte kauerte vor meinen Füßen,
Ängstlich zitternd.
Ihr jämmerliches Fiepen sollte mir bedeuten:
- Beschütze mich ... vor der weißen Macht des
Winters.
Was soll ich sagen?
Ich fasste die Ratte am Nacken
& hob sie vor meine Augen.
Ich sprach: „Du, Rattenvieh!
Ich liebe den Winter,
Hart und Kalt.
Ich wünschte, ich könnte empfinden:
Sein wie Er;
Diese grauen Straßen weiß lecken,
Dieses graue Leben hinter hell erleuchteten Fenstern
Weißglühend machen.
Ratte, du!
Öffne dein Maul & ich meinen Mund.
Unser Atem lässt schmelzen den Schnee.
Spürst du es ...?"

Auferstehung

Was mich im Leben niederwarf -
Frauen, Männer, ein überraschender Gedanke oder
ein ungerufenes Gefühl: Angst, Furcht & auch Liebe,
was mich mit klammen Klauenhänden
stürzte in Verzweiflungs-Abgründe ...
Ich will es nicht missen: mein Unglück,
die kotigen Pfade, die ich gegangen bin,
mit gebrochenen Stolz in der Gosse lag,
verlacht vom braven Bürger, beflissenen Arbeiter
und von Ratten angepinkelt.
Ich will nicht ...
... nicht einen Augenblick will ich vermissen.
Mein Glück, wenn es schon mich überkam, war
meist eine windstille Ebene,
wenige berauschende Gipfel.

Ich schenke mein Glück der Zeit,
sie mag es verwehn.
Mein Geist nie verfiel dem Wunsch
mich mir zu erklären.

Ich bin was ich bin.
Mag es dafür einen Namen geben, einen Begriff
oder doch nur ein Wort.
Ich kam ... & wurde was ich bin.
UNGERECHTFERTIGT!

Ich saß am Grab Gottes
und steckte ihm eine Kerze an,
auch der Liebe ich band
blutige Kränze aus dornigem Licht.
Ich zermalmt,
tausendfach zerstückelt,
von allen Morgenröten gegoren
zu einem Klumpen flüchtigen Seins.
Ich will nicht …
… ich will nichts vermissen.
Ob die Moral der Welt noch steht, oder geht
oder doch schon liegt
und Vernunft irgendwann doch noch siegt:
Das ist mir aufrichtig scheißegal.
Moral und auch Vernunft können nicht lieben,
allein, sie vermögen sich nur zu bekriegen.

Das ist die Welt!
Ich liebe mein Unglück,
meine Verzweiflung,
meinen Gram.

Das ist eine andere Welt!
Ich will sie nicht anders.
Ich will sie nicht missen …
Eine Liebe lebe ich …
Meine Liebe zu leben.

Trunkener Gesang

Ich,
Trunkener Gesang
Des Kosmos.
Traum-versponnener,
Harter Säufer.
Ich bin -
Die ziehenden weißen Wolkenklippen
Am blau-schreienden Himmel.
Ich bin -
Der dasseins-besessene Abgrund,
Dunkel und unergründlich,
Und der schrille Gesang des Wahnsinns,
Der am lichtlosen Morgen
Die Raumzeit erschüttert.
Ich bin -
Das Fest des galaktischen Feuers
Und die Ewigkeit, die ersäuft
In den salzigen Fluten des Styx
Mit einem Kuss von Charon.

Ich bin -
Der Liebende aller Frauen
Und der Seelenbrand der fleisch-wunden Lust.

O! Ich habe geliebt Engel
Mit blau-schwarzen Haar,
Mit metall-zarten Flügeln.
Und sie auf den Mund geküsst,
Zitternde Lippen,
So Rot und verlangend
Wie eine blutende Wunde.

Und wenn mich alsbald verschlingt
Die Erde, werde ich tanzen
In ihren glühenden Eingeweiden.
Und auf meinem Grab werden wachsen
Farbtrunkene Pilze,
So buntreich und erwachend wie ein Frühling im Herbst.
Und was je kreuchte und fleuchte
Auf Erden wird wissen:
Ich war trostlos glücklich.

Jetzt

Du sollst wissen, O! Weib,
ich warf mich schon in so manchen Abgrund,
nicht anders wie ich mich in dein Fleisch warf,
soeben ...
Ich sah den Sirius tanzen auf meinem Fingernagel,
Gedanken Bleitränen in meinem Hirn vergossen
& meine Augen blieben trocken.
Der Herbst manikürte mir die Zehennägel,
der Winter strich mir durchs Haar,
der Frühling gebar mein Lachen,
das der Sommer pflückte.
Ich erkor mir Wolken als Freunde,
& Ratten nannte ich meinen Namen.
Mit dem roten Pelikan soff ich starken Rebensaft,
Lächelnd zu heiligen das Leid,
das aus Maul und Augen
der Stadt trieft,
& sein Lied heult in stinkenden Abwasserkanälen.
Das Antlitz der Welt ...
- blickte es je zuvor so versklavt?
Ich wanderte gleich Ahasver durch die Zeiten,
& ich sage Dir O! Weib:

Nie war der Mensch so elend krank wie jetzt,
da Silizium ihm dient.
Des Geistes Muskeln sind erschlafft,
die Sinne stumpf gleich einem abgewetzten Messer;
die Feuer der Schmieden glühen kalt
& schmelzen nicht mehr das Erz.
Das Blut heißt A oder B oder AB
- Es rauscht keine Lehren mehr.
Kosmische schwarze Löcher beherrschen
Sternbewegungen
- Totgeburten ausgebrannter Sonnen.
Ich will Dir sagen O! Weib,
die Dunkelheit hat eine Farbe,
Rot wie deine vollen Lippen,
Rosa wie dein Muschelgrund
& das Stahlblau meiner Ewigkeit.
O! Weib wisse,
ich speie dieser Welt
meine maßlose Liebe
ins niederträchtige Antlitz!

In dieser Stunde

In dieser Stunde,
ich allein
in dieser sonnen-bitteren Stunde,
die wie ein gebrochener Taubenflügel,
das sommer-blutende Land betäubt.

In dieser Stunde,
der Himmel kreischt blau.
Ein heißer Wind rauscht
in den alten Bäumen.
Sing-Sang
der alten Himmelsströme.

In dieser Stunde,
Gedanken an dich
mich fluten ...
Du,
ich liebe dich.

In dieser
sonnen-gebrochenen Stunde,
bin ich dir nah.
Nah wie nie!

Diese Stunde,
diese taubenfüßige Stunde,
bricht die Ferne
von Allem,
die mich sonst beherrscht,
gleich wie der Mond das Meer.

Ich liebe dich
wie ein verschattetes Grab,
das bewohnt
von hohlem Gebein.

Die glühend-kalte Einsamkeit
sinkt in meine Liebe
zu dir.

O! Ich bin dir nah!
Jetzt!
Nur jetzt ...
Einen sonnen-gebrochenen Augenblick ...

Lüge

Erlöse mich, Hirn im Tartüff ...
Vom Schmu der Sonnengebräunten,
Von den prallen Schenkeln
Und der weißen Haut
Aller Schlangen,

Erlöse mich
Von Lippen die verzücken,
Augen die Blau glühen vor Vertrauen.

Erlöse mich, Hirn im Tartüff
Vom Gekreisch magersüchtiger Seelen,
Vom Tatsachen breit tratschen
Der sachverständigen Missmutigen.

Erlöse mich
Von der furchtfließenden Angst
Da nirgends zu sein.

Erlöse mich
Von der Schwindsucht
Der Liebe.

Erlöse mich
Von allem was nicht Fleisch
Und Zunge werden kann.

Befreie mich, Hirn im Tartüff ...
Lass mich hören das Meeresbranden
Der erhabenen toten Seelen.

Wir sind die Toten!

Übermensch

kein mensch,
   der nicht im weißen fleisch der frage
   atmet die waffenklirrende antwort.
die tauben & ratten wissen's fraglos,
   der himmel wie ein dunkel klaffendes maul höhnt: du auch mensch!
der mensch, ja der mensch,
   mit gebeugtem sklavennacken
     aber ersehnt den grünen, klebrigen, hoffnungsheischenden klee,
     hofft zu finden diesen
       auf verborgenen immergrünen Wiesen,
         jenseits der tiefen, tiefen Lust.
kein mensch,
   der nicht flieht seine wahrheit,
    der nicht sabbernd & seufzend zu kreuze kriecht,
     der nicht füllt seine lungen
       mit verwesender luft,
         die ausdünstet der leichnam
           des glücklich toten gottes.
kein mensch, dem dieser ruch nicht bedeutet wahrheit,
   kein mensch, dessen liebe nicht habsucht kreischt.
freiheit, blutig gebissen
    von lüge & heuchelei,
      gefangen im goldenen käfig
         pharisäischer fettlebe,
kein mensch, der erkennt
das verlangen des heiligen lebensstromes
   über & hoch zu fließen,
     als sprache des notwendigen,
O! die sterne bitter strahlen,
   rotschreiend sterben
wo nicht ist der freie mensch,
   da flieht alles & alles
     in elende unendlichkeit.

Herbstwende

Es war schön zu gehen,
damals in jener sternflüsternen Nacht,
da wir sahen,
dass sich der Tod die Liebe gebar,
als er sich einsam fand
in seiner Ewigkeit.

Der Tod an schwarzen Mauern entlang ging,
tief sein Ernst & seine Stille.
Wir uns betranken mit grünem Wermut,
hohe Stunde heller Mondeinsamkeit;
mächtig das Schweigen
der nahfernen Stadt.

Deine Augen
sah ich ahnen Omega,
Raumzeitpunkt ewiger Wiederkehr,
dein Atmen wie Glut brannte auf meiner Haut,
der Sommer starb im Nebelwind,
den Tag- und Nachtgleichen Tod.

Oktobergold in deinem Haar lohte,
des Wahnsinns Blau lärmte
im weißen Fleisch
& der fiebernden Stirn.

Ratten grau & lüstern schreiend
über den Himmel sprangen,
hinabstürmten den taubenkotigen Regenbogen.

Frauen ihr Geschlecht berührten,
mit sanften Fingern vom Morgentau benetzt,
Männer das Blei ihrer Lust siedeten,
glühend in ihren Lenden.

Braune Angst spannte Zelte auf,
wogend wie die Unendlichkeit,
der Tod rote Male tätowierte
auf des Morgen gelber Marmorstirn.

Furchtsam dein Herz in meinem Halse schlug,
meine Lungen glutflüssig
deinen Namen riefen.

Dein Schweigen mich stieß
in des Wahnsinns blaue Haine,
der Toten Kohlengrubenaugen
sprachen: „Vergeh ... Vergeh ...“

Der Morgen eine blutende Wunde war,
die Liebe sich der Tod nahm ...
Herbstblut bitterkalt zurückblieb.

Genug ist nie genug

Oh nein! Ich bin nicht satt!
Auch Morgen nicht.
Nie! Niemals!
Gemäßigt geblähte Zufriedenheit,
Bourgeoises Glück,
Findet bei mir nicht statt.

Ich will hungrig bleiben, ewig hungrig sein ...
Leidend lieben dieses Leben
Und den Rausch vom roten Wein.
Immer noch verrückt nach Leben,
Das sich verschwendet, nicht aufspart.

Im Innern schwellende Flut,
Leben das auf nichts beharrt,
Das alles will von der tollen Erdenglut.

Sei's Fetzen von Glück,
Sei's blaues, kreuztiefes Leid.
Ich wollte und will alles in einem Stück!
Ich bin immer noch bereit,

Zu lieben die Weiber,
Ihre schweren Brüste,
Ihre prallen, weißen Schenkel.
Und will bedecken mit
Verzweifelten Küssen ihre weichen Leiber.

Immer wieder lustirre mich besaufen,
Mich berauschen an dem Saft aus dem heißen Weiberschoß.
Herrlich! Wunderbar! In diesen Fluten zu ersaufen.
Allein in der Lust ist Leben unendlich und groß.

Oh ja ... ja ... Ich weiß
Der Schnitter ist unterwegs
Und das Haar ist schon vereist
Silbrig – Grau bewegst
Nicht mehr allzu viel
In dieser rasenden Welt,

Doch meine Lebenswahl früh fiel
Und ob es dem Herrn gefällt
Den irdischen oder auch dem himmlischen
Mein egal!
Ich will brennen!
Verdammt noch mal ... brennen!
.... brennen!
Genug ist nie genug.

Sand

Eben brach der Himmel auf,
Das schwammige Grau und Grau wich
Weiß-Leuchtenden Wolken
Auf blauem Himmelslichthintergrund.
Grelle Gewissheit ergoss sich durch das Fenster
In meinen Mund.
Ich will leben nur noch
Meine hoffnungslose Liebe.
Ich kann nicht mehr zurück
In eure Welt.
Ich tauge nicht mehr für gemächliches Glück.
Ich verlor mich,
Auf dem irren Grund
Des kosmischen Wesens.
Gott Dionysos berührte meine Augen.
Seitdem bin ich wie das Wogen des Meeres,
Wie Ebbe und Flut.
Schreckliche Leere und Fülle.
Stille und Gewalt.
Ich bin verzweifelt-glücklich verloren.
Ich kann nicht mehr zurück.
Ich muss flutend brennen.
Und auf dem heißen Sand der Ebbe verglühen.

Ich kann nicht mehr zurück.

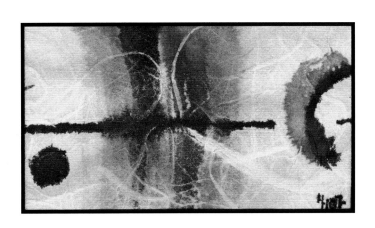

ATDEN

Verstört,

wie hundert Millionen besoff'ner Ratten

im todeslüsternen Labyrinth des Groß/Experimentators,

herzlos wie implodierte Sonnen,

verrucht einsam,

erbarmungswürdig,

im Tartaros ich harre

- voll gepumpt mit dem Gift

deines Schweigens.

Tat ich wüsten Mutwillen an,

deiner Dreiviertel/Nein Liebe?

Ja oder Nein sei deine Rede!

OH ! Du schweigst! Schweigst!

Bleibt mir einzig allein zu lecken

meinen Herzschweiß

& saftig zu bluten aus den Wunden

meiner Leibseele.

Dermalen ich erwachte

in der Ewigkeit meines Hungers.

Zorn entbrannte Empörung

in der dunklen Öffnung meines Herzens loderte.

Trunken schaukelnd auf hohen Wellen,

wie ein Eisberg im arktischen Meer.

So ich mir zufiel,

nicht anders,

wie das berühmte Blech,

das erwachte als Trompete.

Ist's! dass ich anschreie

gegen der trägen Masse Wahn,

dass ich nicht als Halbwesen,

wandern will inmitten der Kolonne

dieser Niedergesegneten?

Dein Schweigen ätzt mein Blut grau.

Die Sonne empört sich gegen meine Anmaßung.

Dein Schweigen ist mein Aden.

So will ich ausharren

auf diesem erloschenen Vulkan,

der mit deinem sandigen Schweigen ausgefüllt ist.

Es ist - das verzückte Lächeln einer weißen Kanalratte.

Dahin ...

...dem Wahnsinn freies Geleit!
lasst den Wahnsinn laufen, wo er will.
seien wir allzeit bereit,
ihn zu empfangen, unheimlich und still.

wenn sie uns überfällt – die heilsame Wahnsinns\
Woge,
um auszublasen den elenden Marsch
der bourgeoisen Mischpoke, der Erde Todesdroge.
 - verbannen wir sie in den Arsch,

dem breiten und dunklen der Geschichte,
dass kein Sonnenstahl, kein rotverschobener Stern
nie berichte,
von diesem Menschentier, das ist so fern,

vom Menschen, der ist menschlich,
der nicht lebt und liebt aus Gier,
und maßlos anmaßt sich
wie das bourgeoise rattige Menschentier.

maßgebliches Maß zu sein,
des feingesponnen rauschenden Alls,
und nicht roter Wein
und kosmisches Salz.

... dem Wahnsinn freies Geleit.
dann ist's vorbei bald,
abgelaufen die bourgeoise Zeit,
der Kriege aus Habsucht, dem kalt
vom Kapital verglühten, gedemütigten Leben.

wenn sich wird unser Wahnsinn erheben,
hinaus über die dumpfe bourgeoise Welt,
um anders und frei zu gestalten, Mensch und
Erdenleben
und die bürgerliche Welt fällt ...

... wird höher schlagen das Herz Gottes.

So sprach ich zu meinem Herzen ...

Du! zernarbtes Herz. Auf! Auf!
Wir wollen dich im Halse pochen fühlen,
Ein letztes Mal.
Erhebe Dich, galliger Muskel! Auf! Auf!
Raus! Aus dem Schützengraben lauer Mattheit.
Ein Mal noch lass' sirrend singen die tragisch gespannten
Saiten
Des toten Mannes Liebe.
Noch ein Mal ambosshart hämmernd spüren
Dein glückliches Leid
Im brandigen Sehnsuchtsfleisch.

Ah! Auf der Grabneige unserer Lebensbahn,
Vom gelben Feinstaub leerer Jahre vernebelt,
Jahre voll dumpfen Hohlraum/Hoffnungen,
Und dem mondzyklisch Nachworte tätowieren
Auf fraktal zerkauten Fingernägeln:
Zahnfleischschwund,
Treppen hinunterstürzen und aufwärts kriechen,
Leer schweigende Briefkästen anstarren,
Träumen vom Sommerschnee,
Blaugeküssten Herbst- und Winternächten,
Sauerweiniger Herzschweißgesänge.
Frühlingsabgesang.
Jetzt. Ein letztes Mal ...
Los! Loslassen! Die Herzkammerstille.

Auf! Auf! Spröder Muskel!
Liebe ein Mal … ein letztes Mal noch:
Die schreienden Wolken,
Die Tage des ungesäuerten Brotes
Und abgestandenen Biers;
Liebe den allmorgendlichen
Wolkenschaumigen Tod der Sonne.
Sie erhellt gleichermaßen grabschwere Tote
Und alsbald Tote.

Liebe zornig die Sachverständigen der Realität:
Demokraten, Huren, Kriegsherrn und Gottesfürchtige.
Liebe all die frommen Lügen und unwahrhaftigen
Wahrheiten.
Du weißt es. Die Erdachse taumelt …
Liebe ein letztes Mal all dies und was noch kommen wird.
Liebe zernarbtes Herz …
Ehe zurückverlangt die Lust ihre Ewigkeit.

Blende – Dann ab! mit einem Hechtsprung ins Grab.

Wahrheit

Sucht Wahrheit nicht
an rauschenden Flüssen,
auf hohen Bergen oder im tiefen Tal.

Nicht in den glühenden Städten
mit ihren kehligen Kneipen,
schweißdampfenden Asphalt.

Sucht sie nicht.
Sie ist nirgendwo.

Der blinde Wille,
der uns lässt atmen,
dem folgen wir -
auch in die Hölle
mit ihren glasklaren Engeln
& Blut sprudelnden Brunnen.

Wahrheit bist allein Du.

Schwarzmilchnacht
Ende einer Liebe

Es sinke sinke ins nasse Grab
Oktobergewölk schlierend düster drüber fährt
Tauben leise leise lachen
O! DuIch deine hellen Augen
Augen trocken weinen
Oktobergewölk schlierend düster drüber fährt
mein DuIch sinke sinke ins nasse Grab
deine Milchhaut schneit
schneit vom immer blauen Taubenbaum
Schneehaut milchweiß bedeckt Mauern rau
Ratten hinterlassen Pfotenspuren leise tippeltappelnd
leise tippeltappelnd auf dem stumpfen
dem stumpfen Eis deines Herzens
es schneit schneit der Schnee der Frühe
Oktobergewölk schlierend düster drüber fährt
es sinke sinke ins nasse Grab
dein Kuss dein Arm dein Fuß voran
rotverschoben mein DuIch Licht sinke
sinke in die Schwarzmilchnacht blaugeädert
Oktobergewölk schlierend düster drüber fährt
voran der Verlust der Stolz behauptet gesteht
gesteht es war ein Leichnam
ein Leichnam gewoben gewoben aus bleichen Speichelfäden
schwerflüssiger Leichtwasser Träume
Träume bei Tag Nacht & am Morgen wieder
Oktobergewölk schlierend düster drüber fährt
verlasse verlasse mich DuIch sinke
sinke ins nasse Grab & ich freudig trinke
freudig trinke schlierend düsteres Oktobergewölk
O! Rausch auf stillen Schwarzmilchpfaden …

Helios

Manchmal ... ja
Die Sonne rollt schwer
Durch den Tag,
Schwarzfleckig, trüb und dem Dunklen nah.

Auf der grauen öden Strasse
Läuft einsam ein Hund,
Blaue Tauben hocken auf den Bäumen,
Träge und Fett.

Und aus schrecklich dunklen Wolken
Zucken schrecklich grelle Blitze,
Angstzitternd pisse ich grünen Absinth.
Helios stirbt.

Wo bin ich, bin ich wo?

Ich weiß ...
Allein, ein Kuss von einem vollen roten Mund
Vermag mich zu retten,
Und Gott weiß, wie sehr ich verlange
Nach den vollen, roten Lippen.

Doch Gott starb
... er ist schon lange tot
Und der volle rote Mund ist fern
... unendlich fern ...

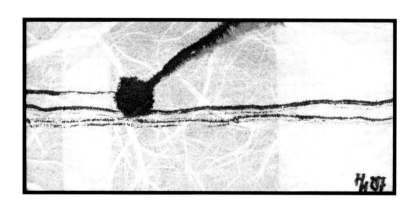

Warum ich so fröhlich bin ...

... mich wunderbar verwundert,
dass ich so herzausgelassen fröhlich bin.
... die tauben schlafen,
mir schaudert vor meiner stillen heiterkeit.

hier
  an diesem ort
    ich mich maßlos oft befand
        zerrissen.
  in dem selben augenblick,
    da der mond das meer peischt
      & die rattentouristik läuft.

wie widerfahren wir uns?
HA!
ein tiegel kotdampfender
      vernunft;
zählbar, messbar, kapitalträchtiges
      Unsoniso.
mit gebeugten sklavennacken
      so geschehen wir uns.

... mich wundert, dass ich so weinrot fröhlich bin.
  ... furchtsam macht mich die leise freude.

woher kommt mir mein ungerufenes glück?
  sag' du es mir:
    du ratte,
      dahinten du katze,
        hund, der mir in die socken hechelt,
sagt es mir!
... stern sirus!
  weißt du,
    warum ich so fröhlich bin?

O! flieht nur,
  flüchtet
    euch in den kanon
      billigen atmens.
alles atmet,
  selbst der asphalt unter meinen füßen
    seine lungen mit luft füllt.
allerweltkunst!
... der wind lauert den bäumen auf.

mich wundert, dass ich so fröhlich bin ...

Nacht & Morgen

Das war's.
Der Himmel wankt,
Die Erde taumelt,
Ich krieche auf dem Bauch
Meinem Schatten nach.
Sturzvoll bis zur Halskrause.
Altes besoffenes Fleisch
Wälzt sich auf regennassem Asphalt.
Ich würde gerne mit den Ratten
Durch die Kanäle streifen,
In einem dunklen Keller 'ne Rättin ficken.
Der Arsch einer Ratte ist mehr wert
Als mein stinkender Atem.
In meinem sechsundvierzigsten Sommer
Ist mein Leben ein Sarg,
Ausstaffiert mit dem höhnischen Lachen
Des vermaledeiten Allmächtigen.
Ich muss nur noch draufgehn,
Tot bin ich seit langem.

Tote schlafen nie,
Am Morgen rauchen sie eine Zigarette,
Starren aus dem Fenster und zählen
Die Regentropfen.
(Es regnet immer.)

Tote beneiden die fetten Tauben,
Die auf den Bäumen und Hochspannungsleitungen
hocken,
Sich in die Luft erheben
Und auf alles scheißen.

Tote schneiden sich die Zehennägel
Und denken über van Goghs
Abgeschnittenes Ohr nach
Oder über Nietzsches Syphilis.
Tote bewundern Hunde, weil die
Sich selbst die Eier lecken können.
Tote feiern ein besoffenes Totenfest des Lebens.
Tote lieben die Sonne am Morgen
Und am Abend & den Geruch der Nacht.

Der Himmel wankt,
Die Erde taumelt,
Der Wein blutet seinen Geist
In meinem Gehirn aus.
Ein Alter Mann schenkt der Nacht
Und den Ratten seine stummen Schreie.

Das war's.

Inhalt

›Der Dichter Will Chomsky verlässt das Sanatorium für chronisch und temporär Geistesgestörte von Professor Dr. Dr. Muckefuck, in das er vor zehn bürgerlichen Jahren vom Landgericht NRW wegen Totschlags einer Maschine, zwecks Wiederherstellung seiner geistigen Gesundheit oder andernfalls auch zu ewiger Aufbewahrung, überwiesen wurde. Das Gericht erkannte, dass dem damals zweifelsohne vorhandenen Vernichtungswillen Will Chomskys eine Zerrüttung des Geistes zugrunde lag: hervorgerufen von krankhafter Wahrhaftigkeit. ...‹

So beginnt die Odyssee der inneren Flucht des ehemaligen Dichters Will Chomsky, der sein Dasein als Agent eines Freitodmotels fristet. Seine Tage verbringt er mit Saufen, der Suche nach Freitodwilligen und dem Töten von Ratten. Sein Denken und Handeln kreist um das Schweigen: Die letzte Waffe des menschlichen Geistes – mächtiger als ein nuklearer Holocaust.

Der Roman schildert surreal eine Welt am Fuße des Abgrunds, und Will Chomsky ist ihr Repräsentant:
- verloren
- versoffen
- am Rande des Wahnsinns ...

ISBN: 978-3-9811-7681-0

»Chomskys Schweigen« von GerryX ist eine außergewöhnliche Geschichte um magische Gravitation, Liebe, Verrat & Tod.

www.culex-verlag.de   www.GerryX.com